La Grande Réinitialisation 2021 Non Couvert

Crise Alimentaire, Effondrement Économique et Pénurie d'Énergie ; NWO - Reconstruire en Mieux et le Contrat Vert

Rebel Press Media

Avis de non-responsabilité

Nos autres livres

Consultez nos autres livres pour découvrir d'autres informations inédites, des faits exposés et des vérités démystifiées, et bien plus encore.

Rejoignez le cercle exclusif des médias de Rebel Press !

Chaque vendredi, vous recevrez dans votre boîte de réception une nouvelle mise à jour de la réalité non rapportée.

Inscrivez-vous ici dès aujourd'hui :

https://campsite.bio/rebelpressmedia

Introduction

L'Europe va se retrouver dans une crise systémique totale - En ce moment, l'Allemagne accuse déjà les "cyberattaques" (par "les Russes", bien sûr), ce qui, pour l'instant, doit préparer la population à une guerre majeure - "0,025 % de morts ne justifie pas la destruction de l'économie mondiale".

La "grande remise à zéro" de notre société stable et prospère, délibérément mise en route sous le couvert d'un virus des voies respiratoires, est sur le point d'être ressentie encore plus durement. De plus en plus d'indices laissent penser que l'Europe se dirige vers une crise alimentaire avec des prix faramineux. Pendant ce temps, les politiciens et la presse continuent de se renvoyer, de justifier et parfois même d'applaudir toute la responsabilité de la misère qui a déjà été causée et qui s'annonce.

L'indice des prix alimentaires (FFPI) de l'Organisation des Nations unies pour l'alimentation et l'agriculture (FAO) a augmenté de 2,3 points (2,2 %) en un mois pour atteindre 107,5 en décembre 2020, soit la septième hausse consécutive. L'IPFP ne comptait que 53,1 points en 2002, a atteint un pic à 131,9 en 2011 en raison de la crise financière, avant de retomber juste en dessous de 100.

Table des matières

Chapitre 1 : La prochaine crise alimentaire, énergétique et bancaire

Comme les politiciens s'emparent de mutations corona parfaitement normales, naturelles et inoffensives pour la grande majorité des gens afin d'étendre et/ou d'élargir les mesures d'enfermement et les restrictions de liberté, les lignes d'approvisionnement alimentaire seront confrontées à des problèmes similaires à ceux auxquels l'industrie électronique est actuellement confrontée (pénurie majeure de puces électroniques). En Allemagne, on prévient déjà que la pénurie de fruits et légumes est imminente. Ils ont également déjà identifié une soi-disant cause : les cyber-attaques, dont on accusera bien sûr "les Russes". Le misérable Forum économique mondial de Klaus Schwab, le génie du mal à l'origine de la "grande réinitialisation", s'attend également à des cyberattaques sur le réseau électrique et le secteur bancaire.

Blâmer les autres pour ce que vous causez vous-même

De plus, le fait que les aliments de base et l'énergie deviennent lentement mais sûrement inabordables, associé à des problèmes majeurs avec les comptes bancaires et les paiements en ligne, devrait vous préparer à accepter une guerre majeure, probablement contre la Russie. En réalité, les perturbations énergétiques seront causées par l'abandon du charbon, du pétrole et du gaz, car il faut en soi passer à l'éolien, au solaire et à la biomasse, qui sont peu fiables et coûteux. En outre, la prochaine méga-crise bancaire se prépare depuis des années et sera utilisée pour faire passer un système de paiement numérique complet avec un euro numérique.

Il s'agit du vieux concept historique familier qui a été appliqué si souvent : accusez le parti que vous considérez comme l'ennemi des problèmes que vous avez vous-même causés, et vous êtes assuré de son soutien. Malheureusement, presque plus personne ne lit les livres d'histoire ou refuse d'en tirer des leçons ("cette fois, nous ferons mieux", "cette fois, les choses seront différentes") parce qu'il se croit beaucoup plus intelligent. (Notre avis sur la question ? Tout le contraire).

Ou bien vous avez étudié pour cela, et vous appliquez à votre propre peuple les tactiques néo-marxistes de manipulation sociale et de subversion que les régimes autoritaires et dictatoriaux ont si souvent utilisées auparavant de manière extrêmement raffinée, et vous les laissez vous en être reconnaissants.

Y avait-il des informations internes, ou s'agit-il d'un plan sournois ?

À cet égard, l'économiste américain Martin Armstrong rappelle une fois de plus la simulation de pandémie "Event 201" d'octobre 2019, bien connue de beaucoup maintenant, où tout ce qui a été fait à partir de 2020 a été discuté, rédigé et élaboré en détail à l'avance, sans oublier de semer délibérément la peur et la panique pour un simple coronavirus.

Avaient-ils une prescience de l'avenir ou existe-t-il un plan sournois pour réduire la population et le CO2, provoquant commodément un génocide de masse, comme certains le croient aujourd'hui ? De telles théories du complot surgissent toujours lorsqu'il y a des réunions secrètes et des groupes d'élite qui se sentent exaltés au-dessus des gens du bas de l'échelle, qu'ils considèrent comme la "grande racaille".

Cependant, les théories de la conspiration sont révolues depuis longtemps, puisque tous ces plans maléfiques peuvent être lus, entendus et vus ouvertement dans les publications de ces organisations comme le WEF. Bien que certaines d'entre elles, comme "En 2030, vous ne posséderez rien et vous serez heureux", aient été retirées de la circulation après avoir fait grand bruit. Cela n'empêchera pas ces bureaucrates autoritaires d'imposer ce futur dystopique à vous et moi (mais pas à eux-mêmes) en 2030 (mais probablement bien avant).

Chapitre 2 : troubles sociaux majeurs dus à une crise alimentaire (et éventuellement à une guerre)

Quoi qu'il en soit, il est certain qu'entre aujourd'hui et 2024, des pénuries alimentaires et une flambée des prix sont à venir. Cela entraînera des troubles sociaux et politiques majeurs", écrit M. Armstrong.

La mauvaise gestion du gouvernement de l'UE pourrait bien causer sa perte. Après tout, au cours de cette crise, à cause de cette mauvaise gestion, de nombreuses personnes ont perdu leur emploi parce qu'elles ont dû rester chez elles, et simultanément leur pouvoir d'achat a baissé. C'est le pire résultat possible, et c'est pourquoi nous pouvons nous demander si ces dirigeants sont vraiment si stupides, ou simplement si sournois...".

Sournois, parce que cette crise systémique a été planifiée à toutes fins utiles, y compris le contrôle et la direction des médias grand public, dans le but de créer un super-État européen dictatorial qui sera (et l'est déjà à bien des égards) un mélange technocratique de l'ancien système soviétique et de la Chine communiste actuelle.

Stupides, parce qu'ils pensent que ce coup d'État contre la société libre, intitulé "Great Reset / Build Back Better / Green New Deal", réussira également à plus long terme, de sorte qu'en 2030, les Mark et Sigrids de notre époque auront réalisé le paradis climatique dont ils rêvaient.

De toute évidence, ces gens n'ont plus aucun sens de la réalité, car sinon ils devraient au moins considérer qu'avec ce cours perturbateur de tout et n'importe quoi, il ne peut rien rester de notre civilisation en 2030 au plus tard.

En tout état de cause, le monde n'est pas préparé à une crise alimentaire, estime M. Armstrong, qui sera sans doute provoquée par le maintien des mesures corona. Les pénuries seront particulièrement aiguës dans les grandes villes. La TVA et les taxes élevées en Europe seront le coup de grâce pour beaucoup. Il ne suffira alors pas que les supermarchés soient approvisionnés pendant quelques jours pour que la panique, le chaos et la violence à grande échelle éclatent.

Selon l'économiste, les spéculateurs boursiers seront mis en cause, mais on peut penser qu'un coupable politique sera (aussi) identifié, probablement le président russe Vladimir Poutine. Si tel est le cas, il est commode d'avoir déjà provoqué une guerre régionale majeure en Ukraine, par exemple, et peut-être au Moyen-Orient, avant cela. Après tout, nous avons vu à quel point les chaînes d'approvisionnement sont faciles à perturber par un seul porte-conteneurs (canal de Suez).

Bill Gates est l'un des plus grands contributeurs à cette crise.

M. Armstrong cite ensuite une autre "théorie du complot" selon laquelle Bill Gates serait désormais le plus grand propriétaire de terres agricoles aux États-Unis. Vrai ou non, il est en tout cas prouvé qu'il a effectivement "acheté" l'OMS et qu'il l'a dans sa poche, ainsi que le CDC américain, et vraisemblablement tous les instituts similaires en Europe. En outre, il a des intérêts financiers dans toutes les grandes entreprises pharmaceutiques et est la force motrice de l'alliance GAVI pour les vaccins. Gates sera donc indéniablement l'un des plus grands contributeurs à cette crise qui dure depuis des années, mais les médias occidentaux, qu'il co-contrôle, ne pourront jamais l'écrire.

Au cours de la dernière décennie, des centaines de milliers d'exploitations agricoles ont disparu en Amérique et en Europe, en grande partie parce que leur existence était rendue impossible par des taxes toujours plus élevées et des règles et lois "climatiques" toujours plus strictes. De cette manière, les gouvernements ont pu s'emparer de grandes quantités de terres à des prix ridiculement bas pour, entre autres, construire des logements, produire de l'énergie "durable" et restaurer la nature. Cette politique anti-agricole de longue date menace d'intensifier de manière exponentielle la crise alimentaire à venir.

0,025% de décès ne justifie pas la destruction de l'économie mondiale.

Pendant ce temps, on s'empresse de vacciner tout le monde contre une maladie qui n'est pas plus mortelle que la grippe", poursuit M. Armstrong. Le nombre de décès dus à la Covid est tellement exagéré que nos politiciens sont soit les personnes les plus stupides du monde, soit les plus sournoises. Pendant la grippe espagnole, il y a eu 50 millions de décès, soit 3,125 % de la population mondiale de l'époque (1,6 milliard). Aujourd'hui, il y a 7,8 milliards de personnes, et même 2 millions de morts ne représentent que 0,02564% de cette population. Cela ne justifie en aucun cas la destruction de l'économie mondiale".

Les accords de Nuremberg ignorés et même inversés
La presse grand public se contente d'applaudir les mesures de confinement et de terroriser le public. On découvre que les vaccins ne protègent personne contre le Covid, et qu'ils peuvent même les mettre davantage en danger lorsque la population sera écrasée par l'une des nouvelles mutations. Pendant ce temps, les compagnies pharmaceutiques sont à l'abri de toute responsabilité. À Nuremberg, tous les dirigeants du monde ont accepté d'interdire de telles expériences médicales sur la population si elles n'avaient pas encore (ou pas suffisamment) été testées sur des animaux. Les vaccins qui sont maintenant injectés n'ont même pas été testés sur des rats ou des souris".

(Cela est dû en partie à la pensée "réveillée" marxiste d'extrême gauche, qui a dépouillé l'homme de toute spiritualité supérieure et ne le considère que comme une sorte de machine biologique qui ne transcende en rien la vie animale. En effet, en utilisant l'homme comme cobaye et non comme animal, l'homme est placé en dessous de l'animal. Il va sans dire que cette pensée anti-humaine répréhensible prépare la voie à un massacre, un génocide, tel que le monde n'en a jamais connu et n'en connaîtra probablement plus jamais, car nous serons tout simplement trop peu nombreux).

Chapitre 3 : Les 10 prochaines années

Lord Sumption, ancien juge de la Cour suprême britannique, s'est déjà montré très critique à l'égard des mesures totalitaires de la Corona à plusieurs reprises l'année dernière. Il prévient maintenant que ces mesures pourraient durer jusqu'à 10 ans, car les gouvernements ne peuvent plus revenir sur leurs décisions sans perdre la face. Nous nous attendons à ce que, si les politiques actuelles sont effectivement poursuivies pendant encore 10 ans et même renforcées, en 2030 au plus tard, il ne restera plus rien de notre société autrefois libre et prospère.

M. Sumption cite un précédent historique. Après la deuxième guerre mondiale, les rations alimentaires ont été maintenues en Grande-Bretagne pendant 9 ans. Les gens le voulaient, car ils étaient derrière le contrôle social. Mais en 1951, le parti travailliste a complètement perdu la majorité, parce que les gens qui avaient derrière eux 5 ans ou plus de contrôle social en avaient assez. Tôt ou tard, cela va se produire dans ce pays maintenant.

L'ancien président de la Cour suprême répondait aux déclarations des représentants du gouvernement selon lesquelles toutes les mesures, y compris le confinement, la distanciation sociale et les protège-dents, resteront en place jusqu'à ce que tout le monde soit vacciné. Le gouvernement britannique a récemment décidé de prolonger toutes les mesures au moins jusqu'en octobre. Le ministre de la Santé, Matt Hancock, a refusé de dire s'il y aurait une autre prolongation après cela.

C'est tellement grave que même les hommes politiques n'osent plus émettre de protestations fondées.

Vous n'avez pas échoué dans cette bataille, car c'est votre devoir sacré d'apporter votre contribution en prenant le parti du Bien. D'autres, accros à la corruption, ou aveuglés par une haine infernale de notre Seigneur, ont choisi le camp du Mal".

Ne pensez pas que les enfants des ténèbres agissent de manière honnête, et ne soyez pas choqués qu'ils recourent à la tromperie. Ou bien croyez-vous parfois que les partisans de Satan sont honnêtes, sincères et loyaux ? Le Seigneur nous a mis en garde contre le diable, qui "a été dès le commencement un meurtrier d'hommes, et ne se tient pas dans la vérité, car il n'y a pas de vérité en lui. Quand il profère le mensonge, il parle selon sa nature, car il est menteur et père du mensonge". (Jean 8:44)

Lord Sumption souligne que les hommes politiques et les scientifiques qui s'opposent à la politique de verrouillage "sont soumis à une campagne de diffamation personnelle extrêmement désagréable. J'en connais beaucoup qui préfèrent ne pas mettre leur tête au-dessus du parapet. Dès que j'ai pris la parole, j'ai commencé à recevoir des courriels de politiciens qui étaient d'accord avec moi mais qui n'osaient rien dire eux-mêmes. Je pense que c'est une situation très grave".

Il est maintenant clair pour beaucoup de gens qu'un virus respiratoire typique, qui n'est dangereux que pour un petit groupe de personnes âgées et vulnérables (et dont le taux de survie établi est de 99,7 %), est exploité pour faire passer un programme particulier, la "grande réinitialisation" dans le cadre de l'Agenda 2030 des Nations unies. Quiconque est ouvertement en désaccord est visé par des méthodes draconiennes. Les gens devraient être autorisés à exprimer leurs différences", déclare le juge. Si vous ne pouvez faire respecter la distance sociale qu'en frappant les gens sur la tête avec des bâtons, alors cela n'en vaut pas la peine".

Chapitre 4 : Phase finale de notre civilisation ?

Néanmoins, les sondages (pour autant qu'on puisse encore s'y fier) montrent que la plupart des gens sont d'accord pour dire que leur société est en train de changer et de se déformer à jamais. C'est le signal pour les politiciens de faire passer des mesures encore plus dures et plus strictes dans les années à venir, sous le couvert de nouveaux virus et/ou du "climat", qui mettront fin aux derniers vestiges de liberté pour toujours, et bientôt aussi à notre prospérité actuelle.

Bienvenue au début de la dictature la plus dure et la plus anti-humaine que ce monde ait jamais connue. Et vous avez vous-même voté pour elle. D'où notre question répétée de savoir si notre société est parfois devenue suicidaire. Toutes les civilisations connaissent une fin - généralement assez soudaine - très souvent parce que les gens laissent faire les dirigeants totalitaires et coopèrent même souvent avec eux. C'est douloureux à observer, mais peut-être que c'est maintenant notre tour de sombrer.

24 dirigeants mondiaux appellent à la mise en place rapide d'une dictature mondiale de l'OMS sur les vaccins

Personne n'est en sécurité tant que tout le monde ne l'est pas" signifie en fait que tous les citoyens du monde devront bientôt se faire vacciner - Les plus grands adeptes du Nouvel Âge prévoyaient le début du nouvel ordre mondial luciférien en 2012 : 2012 est en fait 2021 ?

24 dirigeants mondiaux, dont la chancelière allemande Angela Merkel, le président français Macron et le premier ministre britannique Johnson, ont signé une lettre appelant à un traité qui permettrait une dictature mondiale de l'OMS en matière de vaccins. Bien sûr, ce n'est pas dit littéralement, mais cela se résume massivement au fait que tous les pays, sous couvert de "préparation à la pandémie", doivent abandonner leur souveraineté nationale et médicale à un gouvernement mondial. C'est exactement ce dont nous avons averti en janvier 2020, à savoir que le coronavirus sera détourné pour établir un gouvernement mondial communiste dictatorial, qui, nous en sommes convaincus, deviendra le régime le plus dur et le plus anti-humain que cette planète ait jamais connu, bien qu'il se présente comme exactement le contraire.

La preuve la plus choquante en est la déclaration ouvertement exprimée "Personne n'est en sécurité tant que tout le monde ne l'est pas", en soi une prémisse absurde, puisque la vie ne fonctionne pas ainsi, n'a jamais fonctionné et ne fonctionnera jamais ainsi, puisqu'il faudrait obliger tout le monde à rester chez soi en permanence. Ensuite, nous ignorons un instant que la plupart des accidents se produisent précisément à la maison.

À l'heure où Covid-19 a exploité nos faiblesses et nos divisions, nous devons saisir cette opportunité et nous rassembler en tant que communauté mondiale pour une coopération pacifique qui s'étende au-delà de cette crise, est l'un des arguments maintenant mâchés par les médias pour mettre fin à "l'isolationnisme et au nationalisme".

L'objectif ultime : la vaccination obligatoire de tous les citoyens du monde

Le reste des médias entourant le covid-19 et la grande réinitialisation n'est rien d'autre que le blabla maintenant fatigant et creux sur la nécessité de forcer l'unité, soi-disant parce que ce serait le mieux pour l'humanité, alors qu'en réalité quelque chose de complètement différent est en train de se réaliser et une dystopie horrible sera créée avec.

En effet, "Personne n'est en sécurité tant que tout le monde ne l'est pas" est une menace à peine voilée à l'encontre des personnes qui ne veulent pas se faire injecter des substances expérimentales de manipulation génétique commercialisées comme "vaccins" pour les hommes (et les femmes et les enfants). Elle indique que les dirigeants mondiaux ont depuis longtemps décidé de la direction qu'ils veulent prendre, à savoir la vaccination obligatoire, sous peine d'exclusion totale de la société (et, à terme, sous peine de se voir retirer tous ses droits et tous ses biens, probablement suivie d'une incarcération forcée dans un "camp de rééducation").

18

Si la première pandémie ne vous convainc pas, la seconde le fera.

Cette obligation de vacciner va se produire, vous pouvez en être sûr, même si elle est encore souvent niée. Après tout, Bill Gates s'en réjouissait déjà ouvertement lors d'une interview télévisée : Si la première pandémie ne vous a pas convaincu, la deuxième le fera.
Il savait donc déjà l'année dernière qu'au moins deux pandémies sont prévues, dont la deuxième portera le coup de grâce à la santé mentale de la population, déjà soumise à une forte pression. Cette dernière criera et hurlera alors à la "sécurité" et exigera de ses gouvernements que les réfractaires aux vaccins - qui seront faussement accusés de cette seconde pandémie et des enfermements qui s'ensuivront - soient tous écartés de la société à tout prix.

Cette deuxième pandémie pourrait également être l'"attaque bio-terroriste" annoncée par Gates, très probablement une autre opération de propagande sous faux drapeau qui, selon les observateurs critiques, pourrait être causée précisément par les vaccinations. En effet, des scientifiques et d'autres experts ont averti à plusieurs reprises que les vaccins peuvent désactiver une partie cruciale du système immunitaire humain, laissant les personnes vaccinées sans défense lorsque le corona et d'autres virus respiratoires reviennent en automne ou en hiver. Certains pensent donc que les vaccins eux-mêmes sont ces armes de "bio-terrorisme" dont Gates a parlé en 2020.

19

Le christianisme institutionnel

La dictature OMS/WEF/UN/EU annoncée, qui en sera un élément central, n'est rien d'autre que l'établissement du "royaume de l'Antéchrist" (mieux, royaume de "la Bête", car le terme "antéchrist" n'apparaît nulle part dans l'ensemble du livre apocalyptique de l'Apocalypse, et ne fait donc pas référence à une seule personne) prédit dans la Bible. Bien que j'aie peu de respect pour sa dénomination, je suis d'accord avec lui sur ce point.

Ce qui est triste, c'est que c'est précisément le christianisme institutionnalisé qui permet, facilite et favorise l'avènement de cet empire mondial final, transnational et antichrétien (et cela aussi, d'ailleurs, est annoncé dans les prophéties bibliques). Le pape François a déjà appelé à un "vaccin universel pour toute l'humanité" l'année dernière, suggérant même que ne pas se faire vacciner est un péché (mortel). La plupart des autres mouvements chrétiens, des protestants conservateurs aux évangéliques et pentecôtistes, sont plus ou moins d'accord avec lui. Pensez aussi aux nombreux partis, ministres et chefs de gouvernement chrétiens qui soutiennent cet agenda et le mettent en œuvre.

Dans le monde entier, des millions de chrétiens ont attendu avec impatience "la fin des temps". Maintenant que le temps semble être venu, la plupart d'entre eux semblent soudainement ne plus vouloir rien savoir à ce sujet, uniquement parce que l'avènement du royaume annoncé de la Bête aura lieu d'une autre manière et en partie avec d'autres méthodes que ce qu'ils ont été amenés à croire par des "traités de chatouillement d'oreilles" pendant tout ce temps. De plus, beaucoup y travaillent par conviction.

Les New Agers attendent l'ordre mondial luciférien depuis près d'un siècle.

Le 28 mars 2009, il y a 12 ans, presque jour pour jour, nous écrivions que des New Agers de haut rang prédisaient qu'en 2012, sous la présidence de Barack Obama, l'"ordre mondial luciférien" serait établi. Ne voulaient-ils pas dire 2012, mais peut-être 2021 ?

L'humanité s'achemine vers une nouvelle civilisation et une culture mondiale du Nouvel Âge, qui sera connue sous le nom d'Âge de la lumière", a écrit Tom Carney, un adepte du Nouvel Âge, en 2009 dans Thoughtline, en faisant référence à la tristement célèbre occultiste Alice Bailey (dont l'ONG Lucis Trust est reconnue par l'ONU) et à son "Nouveau groupe de serviteurs du monde" (notez également la pyramide et l'arc-en-ciel), fondé dès 1924, ainsi qu'à son "Grand plan" pour l'humanité. Selon les théosophes comme Bailey et de nombreux autres New Agers comme Helena Blavatsky, celui qui apportera cette "Lumière" est le "Porteur de Lumière", Lucifer, auquel la Bible fait référence comme le diable, Satan.

Certaines théories affirment que les vaccins ARNm sont nécessaires pour modifier notre ADN de telle sorte que nous serons bientôt tous entièrement contrôlables, manipulables et obéissants automatiquement aux adeptes de cette fausse lumière. Il reste à voir si c'est vraiment le cas, mais le magazine New Age "Innerchange" a littéralement parlé dans son premier numéro de 2009 d'un "archétype de Lucifer" en tant que "nouvel être humain" qui peuplerait la terre dans un avenir très proche.

C'est une spéculation, mais il est possible que les 12 années suivantes aient été utilisées pour placer ces "archétypes" à des postes puissants dans les gouvernements nationaux, les organisations supranationales et les institutions religieuses, afin qu'au bon moment, peut-être en profitant de la peur délibérément instillée par un virus respiratoire moyen, ils puissent prendre le pouvoir total pour réaliser cet ordre mondial luciférien, ce "royaume de la Bête" biblique.

Bien que des millions de personnes en Occident se soient réveillées au grand danger que représentent les mondialistes de l'ONU/UE/FMI/FEM/OTAN, nous sommes encore une minorité.

En Europe, la plupart des gens croient encore aveuglément à la propagande des partis politiques et des médias dominants, même si de nombreux mensonges flagrants ont été révélés, surtout ces dernières années. Pour ceux dont les yeux ont été ouverts, l'inanité persistante et la stupidité parfois choquante de leurs semblables crédules peuvent parfois être assez frustrantes.

En effet, avec un peu de recherche de fond et d'esprit critique, on peut conclure que la dernière pandémie de coronavirus de Wuhan est probablement une crise délibérément créée pour soumettre toutes les nations à un gouvernement mondial totalitaire.

Le programme des mondialistes peut se résumer en un seul terme : "l'ordre à partir du chaos". L'analyste Brandon Smith n'est pas le premier à souligner que "chaque crise est créée ou exploitée pour manipuler le public et l'amener à consentir. Mais un consentement à quoi ?

Chapitre 6 : La crise bancaire

La méga-crise financière à venir sera utilisée pour donner le coup de grâce à la "grande réinitialisation" communiste.

Alors que l'attention du gouvernement et des médias se porte encore presque exclusivement sur la couronne, des développements extrêmement inquiétants se produisent en arrière-plan dans l'UE, qui risquent d'avoir des conséquences très importantes pour notre prospérité et notre pouvoir d'achat dès le court ou le moyen terme.

La BCE va acheter davantage de dette publique dans les mois à venir, car les taux d'intérêt sur les obligations d'État ont recommencé à augmenter.

De plus, le système bancaire de facto déjà techniquement en faillite est encore plus en difficulté à cause de la crise corona fabriquée.

La seule chose qui maintient la Commission européenne en place est l'arbre magique de l'argent appelé BCE", écrit l'analyste Alasdair Macleod.

Si vous avez déjà suivi deux cours d'économie, vous devriez savoir où mène toujours inévitablement un tel "arbre à argent" : "C'est un spectacle d'horreur qui se prépare".

L'EUSSR est un fait accompli en termes politiques et financiers.

Les critiques décrivent souvent avec dérision l'Union européenne comme l'EUSSR, et ce n'est certainement pas une exagération en l'an 2021 - au contraire.

Sur le plan politique, l'UE fonctionne depuis longtemps exactement comme l'ancienne Union soviétique : le Politburo, un club de bureaucrates non élus appelé Commission européenne, détermine la politique et transmet ses "souhaits" (=ordres) au Conseil européen des chefs de gouvernement, qui en débattent pour la forme, puis transmettent ces ordres à leurs propres pays indépendants - en nom seulement - où les parlements, réduits à des "yes-men", les approuvent toujours automatiquement.

Pour maintenir l'apparence d'une démocratie européenne, l'UE elle-même dispose également d'un "parlement", dont tous les membres reçoivent des salaires, des primes et des pensions faramineux pour participer à cette grande pièce de théâtre, tout en gardant le silence sur le fait qu'en réalité ils n'ont rien, absolument rien à dire.

La seule fois où ce Parlement a semblé avoir un quelconque "pouvoir", c'est lorsqu'il a renvoyé une Commission européenne chez elle, mais c'était - surtout rétrospectivement - très probablement une mise en scène, car c'est à ce moment-là que le public européen a commencé à se rendre compte de la nature et de la conception "socialistes" (au sens marxiste) de l'UE.

Récemment, la BCE a discrètement franchi l'étape suivante vers la destruction inévitable de l'euro, du système euro/cible-2 et d'elle-même. La banque a décidé d'acheter davantage d'obligations d'État dans les mois à venir, contrairement aux annonces précédentes, car les taux d'intérêt augmentent à nouveau dans le monde entier. Si cette tendance se poursuit, elle provoquera la faillite de l'ensemble du réseau de la zone euro. Et ce réseau est comme une bouche pleine de pommes pourries", dit Macleod. C'est le résultat non seulement d'un système défaillant, mais aussi de politiques visant à sauver l'Espagne de la hausse des taux d'intérêt en 2012.

Quoi qu'il en coûte", l'euro sera "sauvé" aux dépens des citoyens.

À l'époque, Mario Draghi, alors président de la BCE, avait prononcé ses mots tristement célèbres selon lesquels il sauverait l'euro "coûte que coûte". Ce qu'il ne nous a pas dit, c'est que le prix de ce "tout ce qu'il faudra" devra être payé par les épargnants et les fonds de pension européens.

En raison de l'augmentation constante de la dette, l'intervention de Christine Lagarde doit nécessairement être encore plus importante que celle de son prédécesseur Draghi. En fin de compte, tous les

Européens devront en payer le prix fort par une perte substantielle et permanente de leur pouvoir d'achat et de leur prospérité. Les années de prospérité des États membres de l'UE sont presque terminées.

Lagarde fait passer le "tout ce qu'il faut" de Draghi à la vitesse supérieure. La BCE, qui se dit "indépendante" mais qui est une institution politique à part entière, n'a jamais eu qu'un seul objectif, celui de veiller à ce que les dépenses incontrôlées des États membres du Sud en particulier soient toujours couvertes.

Un système ingénieux a été conçu à cet effet : Target-2

L'Italie et l'Espagne doivent à elles seules près de 1 000 milliards d'euros à ce système de la BCE. L'Allemagne, le Luxembourg, la Finlande et les Pays-Bas, quant à eux, doivent environ 1 600 milliards d'euros à ce système, dont la part du lion (plus de 1 000 milliards d'euros) revient à l'Allemagne. *(En fait, le minuscule Luxembourg peut être considéré comme une banque déguisée en État indépendant, l'une des nombreuses astuces utilisées par la BCE pour faire paraître la situation financière de l'UE plus rose).*

Les grandes mégabanques sont techniquement déjà en faillite
En achetant des obligations d'État, la BCE elle-même a déjà une dette de 345 milliards d'euros, en partie due au financement occulte du déficit public français qui augmente rapidement. La France peut désormais être

comptée parmi les pays PIIGS, mais cela ne sera jamais admis officiellement car la France est considérée comme un État "d'importance systémique".

Pendant ce temps, les charges de la France commencent à peser de plus en plus lourd sur le système de l'euro, notamment parce que la méga-banque française Société Générale est techniquement en faillite, tout comme la Deutsche Bank et l'italien Unicredit, d'ailleurs.

Ce que les statistiques ne montrent pas, c'est que la Bundesbank a déjà racheté plusieurs milliards de dollars de dette publique allemande pour le compte de la BCE. Le déséquilibre croissant du système Target 2 est dû au fait que l'Italie, l'Espagne, la Grèce et le Portugal, en particulier, ont contracté de plus en plus de "mauvaises" dettes, c'est-à-dire des dettes qui ne peuvent et ne pourront jamais être remboursées.

Le résultat a été que les systèmes bancaires "zombies" de ces pays ont dû être mis sous perfusion permanente de la BCE.

Une bande d'ivrognes dans le caniveau.
Les créances douteuses et autres "mauvais actifs" ont été transférés au système de l'euro (et donc en particulier à l'Allemagne, à la Finlande, aux Pays-Bas et au Luxembourg) au moment du "sauvetage" de la Grèce, puis du sauvetage des banques italiennes, qui a été caché au public.

Ce qui ne figure pas dans les statistiques, c'est un montant encore beaucoup plus élevé de 8,31 billions d'euros (total probablement supérieur à 10 billions d'euros) de financement à court terme, qui n'a pratiquement pas besoin d'être couvert dans la zone euro.

En bref, cela signifie que vous, par exemple, avec un revenu annuel moyen de 36 000 €, pouvez obtenir un prêt bancaire d'un million d'euros sans sourciller, et le directeur de la banque vous dit alors : "Voyez ce que vous pouvez rembourser, et quand..." À votre avis, cette banque restera-t-elle longtemps en bonne santé ? Et une banque centrale qui maintient ensuite ces banques à flot pendant des années restera-t-elle également en bonne santé pendant longtemps ?

Comme une bande d'ivrognes essayant de se hisser hors du caniveau, le cours des actions des banques de la zone euro a augmenté avec les marchés. Mais leurs notations restent si effroyablement mauvaises", observe M. Macleod. La situation est désormais si grave que si une seule grande banque de la zone euro venait à faire faillite, l'ensemble du système s'effondrerait comme un château de cartes.

L'UE est un "État en faillite" : le pouvoir d'achat sera anéanti

L'UE présente tous les signes d'un État défaillant",
poursuit l'analyste. Cela était particulièrement évident
dans la réaction de l'UE au Brexit, qui ne peut vraiment
être décrite que comme une vengeance aussi obtuse
qu'enfantine, sans tenir compte des conséquences
douloureuses pour le bloc lui-même.

De plus, il est peu probable que l'UE sorte des blocages
cette année, ce qui signifie que tous les États membres
devront continuer à contracter de nouvelles dettes sans
précédent pour maintenir leurs économies à flot. Les
conséquences de politiques extrêmement néfastes
seront encore plus graves pour l'Europe que pour les
États-Unis et la Chine.

De larges pans de l'économie - en particulier les
propriétaires de petites entreprises - sont au bord de
l'effondrement. Si l'on ajoute à cela l'évolution des
marchés des matières premières (pétrole, métaux,
denrées alimentaires, etc.) et l'augmentation
gigantesque de la masse monétaire, tout cela
entraînera une perte mondiale de pouvoir d'achat. L'UE,
grâce à sa propre structure, ses politiques et ses
actions, est complètement à la traîne de la reprise
économique, qui bat déjà son plein en Chine.

Et comme le financement de tout repose sur les épaules
de la BCE, la crise dans l'UE commencera certainement
là. Elle fera certainement tomber la majeure partie du
système bancaire...

Il ne faudra pas une très forte hausse des taux d'intérêt pour effacer tout cela". Et puis la véritable valeur de la "valeur" et des "actifs" que les grandes banques de la zone euro prétendent avoir dans leurs bilans est également révélée : "essentiellement RIEN".

Il n'est pas étonnant que la fuite des capitaux de la zone euro se soit accélérée. L'argent fuit toujours les endroits où les politiques sont mauvaises et gaspilleuses, et où il ne vaudra bientôt plus rien.

L'économie est délibérément gonflée pour atteindre la grande remise à zéro communiste.

Si vous vous demandez : mais pourquoi n'essaient-ils pas d'empêcher cela ? Alors ma réponse est : parce que je pense que le système est délibérément mis à mal. Un euro numérique est déjà en préparation, et il devrait à un moment donné remplacer toutes les espèces. Ce nouveau système monétaire numérique sera vraisemblablement introduit pendant ou juste après la méga-crise financière imminente, et sera progressivement lié à tout (carte d'identité/passeport, carte de débit, carte Covid, etc.) Toutes les dettes seront confisquées, après quoi tous les "actifs", tous les biens, toutes les finances, de toutes les entreprises et de tous les individus, tomberont dans l'escarcelle de l'État.

La "grande réinitialisation", la transformation du bloc de libre-échange de la CEE, autrefois prospère, en une

Union soviétique européenne dotée d'un système technocratique et profondément communiste, sera alors achevée.

Alors notre prospérité et toutes nos libertés et possessions seront faites pour de bon. (Et vous, en tant qu'entrepreneur, vous étiez si heureux de la compensation promise de 100% de vos coûts fixes par le gouvernement !

Ne vous rendez vous vraiment pas compte dans quel piège vous avez tous mis les pieds ? Que vous, dans cette économie planifiée, n'avez bientôt plus rien à dire sur vos propres affaires et votre survie) ?

Pour avoir une idée de la manière dont la vie sera alors "agréable" pour nous, je dirais qu'il faut jeter un coup d'œil aux livres d'histoire. Pour la plupart des gens, cependant, un tel appel tombera dans l'oreille d'un sourd.

Récemment, les Européens ont voté encore plus massivement pour des partis nominalement "libéraux" qui, pendant des années, ont mis en œuvre des politiques européennes presque exclusivement néo-marxistes.

Puisque le peuple veut rester aveugle aux conséquences inévitables, il semble qu'il ne reste qu'une seule chose, à notre grand regret, et c'est de souffrir beaucoup (encore) pour ramener le peuple à la raison.

Avec l'espoir que nos (petits-)enfants survivants après cette terrible crise systémique auront tiré les leçons de ces dures leçons et seront capables et désireux de construire une société beaucoup plus saine, une société où il n'y a plus de place pour les grandes banques, les grandes entreprises pharmaceutiques, les grandes entreprises technologiques, les grandes entreprises militaires et les grands gouvernements, en d'autres termes : pour la grande corruption.

Chapitre 7 : L'accord vert

Pour atteindre les objectifs climatiques, une éco-dicature communiste sera mise en place, qui mettra fin à toutes nos libertés et à une très grande partie de notre prospérité actuelle.
Economist DB Research : Bruxelles raconte une histoire injuste aux citoyens " - Des mesures douloureuses sont sur le point d'être prises : perte de la liberté de transport, de chauffage, de domicile et d'alimentation

Une analyse de la Deutsche Bank critique vivement l'Union européenne pour avoir présenté le "Green Deal" au public sous un jour beaucoup trop rose et pour avoir mené un "débat injuste" à son sujet.

DB veut que Bruxelles fasse savoir aux Européens que la mise en œuvre du Green Deal sera synonyme de méga-crise économique et sociale, qu'une sorte d'éco-dictature sera nécessaire pour imposer toutes les mesures et que nous perdrons définitivement une énorme partie de notre prospérité.

C'est ce que nous dénonçons depuis des années : les "plans climatiques" de l'UE n'auront aucun effet sur le "changement climatique", mais transformeront notre continent en une zone arriérée où la pauvreté est généralisée et où nous n'aurons aucune liberté.

Selon la DB, le monstrueusement coûteux "Green Deal" présente des risques énormes pour la prospérité, l'économie et la démocratie. Ces risques devraient être annoncés honnêtement à la population, et non pas dissimulés, comme c'est le cas actuellement. C'est du moins ce qu'écrit Eric Heymann, économiste senior à la Deutsche Bank Research.

Bruxelles présente le Green Deal comme "une nouvelle stratégie de croissance" qui conduira à "une société équitable et prospère", mais cette affirmation est très douteuse. Tout cela semble bien sur le papier, mais pour parvenir à une Europe véritablement neutre sur le plan climatique d'ici 2050, il faut changer fondamentalement l'ensemble de l'économie, ainsi que l'ensemble du système politique et judiciaire.

Koire est également l'auteur du livre "Behind the Green Mask - UN Agenda 21". L'Agenda 21 a été signé par 178 pays et le Vatican en 1992. Avec cet agenda, une élite mondialiste au pouvoir veut prendre le contrôle total de toutes les terres, de l'eau, de la végétation, des minéraux, de la construction, des moyens de production, de la nourriture et de l'énergie.

L'application de la loi, l'éducation, l'information et les personnes elles-mêmes doivent également être placées sous ce contrôle total.

Jusqu'à présent, les implications de l'agenda climatique de l'UE sont "encore relativement abstraites", et pour la plupart des ménages "encore acceptables". Mais cela est sur le point de changer. Des interventions drastiques sont à venir, qui mettront fin au choix des transports gratuits, à la taille des maisons, à la façon dont nous nous chauffons, à la possession de biens de consommation électroniques et à la consommation de viande et de fruits tropicaux, par exemple. L'emploi sera également durement touché.

Les taxes sur l'énergie vont encore augmenter, rendant le chauffage et le transport extrêmement coûteux. Heymann prévient qu'il n'existe pas de technologies adéquates pour maintenir notre niveau de prospérité actuel.

Nous savons que l'écodictature est un mot désagréable, mais nous devons nous demander dans quelle mesure nous sommes prêts à accepter une sorte d'écodictature afin de devenir climatiquement neutres.

Par exemple, que devrions-nous faire avec les propriétaires qui refusent de rendre leurs maisons et leurs bâtiments climatiquement neutres ? "*.

(*L'élite a trouvé une réponse à cela en 2020 : saisir un virus respiratoire moyen pour une série de lockdowns avec de sévères restrictions, et mettre ainsi des centaines de milliers d'agriculteurs et d'entreprises sous la perfusion de l'État. Ils sont ainsi effectivement expropriés par des moyens détournés.

L'État obtient ainsi le pouvoir total d'imposer des exigences strictes pour le redémarrage de ces

entreprises, si elles survivent à la crise et/ou obtiennent l'autorisation de le faire).
Êtes-vous prêt à refuser à vos enfants la prospérité dont vous avez bénéficié ?

Une meilleure question est la suivante : vous et moi sommes-nous prêts à priver nos (petits)enfants d'au moins la même prospérité et la même liberté que celles dont nous avons joui jusqu'au début des années 2020 ? Sommes-nous prêts à leur annoncer bientôt qu'ils devront vivre dans une pauvreté et une oppression permanentes, tandis que les habitants de pays comme la Chine et la Russie, qui ne veulent pas démolir leurs sociétés pour contrer un gaz parfaitement naturel (le CO_2) qui est en fait très nécessaire à toute vie - et dont les niveaux dans l'atmosphère sont encore historiquement bas - auront bientôt un niveau de prospérité et de bien-être bien plus élevé ?
Et comment allez-vous leur expliquer, au milieu d'une période de refroidissement global, de froid glacial et de pénuries alimentaires, que tout cela était "vraiment nécessaire" pour contrer le soi-disant réchauffement global ?

Le Green Deal conduira à la disparition de l'UE
Notre attente ? De nombreux Européens ne vont pas se laisser faire. Plus la dictature climatique de l'UE sera dure et coercitive, et plus elle privera les citoyens de richesse et de liberté, plus la résistance sera grande. Il y aura finalement de grandes révoltes, les

gouvernements seront renversés et les pays quitteront l'UE, qui s'effondrera alors dans un bruit de tonnerre et finira sur le tas d'ordures de l'histoire.

C'est exactement la place de cette union impie, antidémocratique, toujours en train de mentir, de tricher et de voler. La génération suivante pourra alors commencer à reconstruire sur les ruines gigantesques que les eurocrates auront laissées derrière eux et, espérons-le, avoir appris des erreurs capitales que les politiciens européens ont commises.

Un agriculteur allemand tire la sonnette d'alarme au nom de nombreux collègues européens au sujet du "Green New Deal" de la Commission européenne et du "tsar du climat" Frans Timmermans. Bruxelles veut que l'Europe devienne neutre sur le plan climatique d'ici à 2050, et pour cela, l'agriculture moderne doit être éliminée. Si ce plan est mis en œuvre, il conduira à une agriculture inefficace, beaucoup moins "verte", à de moins bonnes récoltes et donc à des prix alimentaires beaucoup plus élevés. Cela entraînera une généralisation de la faim et de la pauvreté, en particulier chez les personnes à faibles revenus. En mai dernier, de plus amples détails sur le "Green Deal européen" ont été révélés. La Commission européenne veut bouleverser complètement la société et rendre la "transition équitable et inclusive" pour tous. Cependant, un groupe au moins en est totalement exclu : les agriculteurs.

" De la ferme à la fourchette ", tel est le nom de la stratégie choisie pour réformer l'agriculture en Europe. Les objectifs de cette stratégie sont totalement "irréalistes", écrit l'agriculteur allemand Marcus Holtkoetter pour le Global Farmer Network. 'Les agriculteurs devraient réduire de moitié leurs produits phytosanitaires au cours de la prochaine décennie, et les engrais de 20 %. Pas moins d'un quart de toutes les terres agricoles existantes devraient être utilisées pour la production 'biologique'.
Mais bien sûr, rien de tout cela ne perturbera les repas des gens", poursuit cyniquement le fermier.
Les aliments deviendront plus chers

Les Européens ont la chance de disposer d'une nourriture abondante (même si la qualité peut être mise en doute, notamment pour les aliments raffinés), d'autant que l'agriculture peut être comptée parmi les plus modernes et les plus efficaces du monde. Le sol est fertile, les récoltes sont presque toujours de grande qualité. Grâce à l'agriculture intensive, nous avons obtenu d'excellents résultats. Par conséquent, nous n'avons pas de problèmes de faim et de malnutrition, qui frappent les personnes moins chanceuses dans d'autres sociétés.
Ce que la Commission européenne propose maintenant revient à réduire les récoltes. Pour les consommateurs, cela conduira directement à une chose : des prix plus élevés. Les aliments deviendront plus chers".

Des récoltes toujours plus petites

Un autre gros problème est que les agriculteurs, qui
sont déjà en difficulté, gagneront encore moins en
raison de la baisse des récoltes et donc des ventes. La
Commission ne comprend pas que sa mauvaise
approche de l'agriculture conduira les agriculteurs qui
ne parviennent plus à joindre les deux bouts à
démissionner. Une fois que cela se produira, les faibles
récoltes deviendront encore plus faibles".

C'est le contraire de ce que la Commission dit vouloir
réaliser, à savoir une économie et une agriculture
"durables". Plus importante encore est la question de la
provenance de nos aliments, si les agriculteurs
européens ne sont plus autorisés à en produire
suffisamment. Le "Green Deal" européen conduira donc
inévitablement à une agriculture encore plus inefficace
dans des pays aux terres moins fertiles et moins
productives.

**Qu'y a-t-il de "vert" dans le fait de cultiver moins sur
plus de terres ?**

Cela pourrait remplir les estomacs dans une Europe
avec moins d'agriculteurs, et peut-être même soulager
la conscience des militants et des bureaucrates à
Bruxelles. Mais cela n'aidera absolument PAS le climat.
Notre objectif devrait être de produire plus de
nourriture sur moins de terres. L'approche de l'UE,

guidée non pas par la science mais par l'idéologie, conduira en fait à produire moins de nourriture sur plus de terres. Qu'y a-t-il de "vert" là-dedans ?

N'oubliez pas que d'ici 2050, la population mondiale aura augmenté de 2 milliards de personnes supplémentaires. Ces personnes auront également besoin de manger. Ce ne sera pas une mince affaire de le faire avec les méthodes agricoles efficaces actuelles, mais c'est encore possible. L'agriculture s'est révélée très innovante au cours des dernières décennies.

L'UE considère le citoyen comme un problème à résoudre

Mais ce dont les agriculteurs n'ont PAS besoin, c'est d'encore plus de règles et d'encore plus de restrictions. Ce serait le coup de grâce pour beaucoup d'entre eux, et cela mettrait en danger la sécurité alimentaire en Europe. Le pire, c'est que le "Green Deal" européen semble partir du principe que les agriculteurs sont les ennemis de la protection de la nature. Il nous traite comme un problème à résoudre, plutôt que comme un allié dans une cause commune".

Nous travaillons dur pour être aussi "verts" que possible. Dans ma ferme, nous produisons une partie de notre électricité avec des panneaux solaires. Nous utilisons le GPS et d'autres technologies pour réduire nos déchets en matière de fertilisation et de désherbage. Nous plantons des cultures pour protéger le sol de l'érosion. Nous plantons des parterres de fleurs pour attirer les insectes qui pollinisent les cultures et améliorer la biodiversité.

Le meilleur moyen d'empêcher une innovation positive est de faire en sorte que les agriculteurs ne puissent pas joindre les deux bouts. Donc, pour les agriculteurs, et pour tout le monde, le contrat vert européen est une très mauvaise affaire".

Les insectes devraient remplacer la consommation de viande à la lumière du désastreux "New Deal vert" destructeur de richesses.

Une partie du "New Deal vert" de l'Union européenne, un cheval de bataille de l'eurocommissaire marxiste Frans Timmermans, est désormais en vigueur. L'Autorité européenne de sécurité des aliments a approuvé la vente et la consommation d'insectes tels que les sauterelles, les grillons et les vers de farine pour la consommation humaine. La dictature climatique de Bruxelles, en éliminant l'élevage, veut réduire fortement la consommation de viande dans les années à venir, et obliger la population à passer à des coupons alimentaires alternatifs.

Il y a de fortes chances que nous obtenions le feu vert dans les prochaines semaines", a répondu au Guardian le secrétaire général de la Plateforme internationale des insectes pour l'alimentation et la nutrition, Christophe Derrien. Il attend avec impatience le moment où les insectes seront à la fois en vente libre dans les magasins et incorporés dans d'autres produits tels que les snacks, les pâtes et les hamburgers. Son argument : les insectes sont une bonne source de protéines, mais leur production "ne nuit pas à la planète".

La promotion de la consommation d'insectes par toutes sortes d'organisations mondialistes, d'institutions culturelles et de médias est faite pour préparer la population occidentale à un niveau de vie radicalement inférieur, qui résultera du désastreux "Green New Deal". La mise en œuvre de ce programme monstrueusement coûteux, qui mettra fin pour toujours à la prospérité accumulée après la guerre, intensifiera la profonde récession/dépression économique résultant des mesures Corona.

C'est également la raison pour laquelle l'Economist, porte-parole de l'élite internationale de la gauche et du libéralisme, encourage la consommation d'insectes. Toutefois, la question est de savoir si l'une de ces personnalités "de haut niveau", qui ont délibérément mis en branle la chute de notre société libre, mettra un jour un insecte dans sa bouche (à l'exception des habituelles photos de propagande mises en scène). Car vous le savez : dans toutes les dictatures communistes, les dirigeants se sont exemptés de toutes les mesures sévères avec lesquelles ils oppriment les gens du peuple.

**L'accord d'extrême gauche sur le climat coûte plus de 5
100 euros par an à une famille.**

L'accord vert sur le climat de Frans Timmermans est un
"moment d'homme sur la lune pour l'UE". Les
propositions du pape du climat du Politburo de l'UE
sont tellement extrêmes et insensées que la
comparaison avec la lune est effectivement correcte. Si
la moitié seulement de la dictature climatique
communiste de Timmermans est réalisée, nous irons
tous figurativement "sur la lune". L'UE veut dépenser
575 milliards d'euros par an pour mettre la société sens
dessus dessous et la rendre "climatiquement neutre". Et
qui va payer pour cela ? Exactement, les citoyens. Par
habitant, 1280 euros par an et par famille moyenne,
5120 euros par an. Et en retour, nous obtenons la
destruction totale et progressive de notre prospérité et
de notre liberté.

Derk Jan Eppink a récemment demandé à Bruxelles qui,
dans les 20 prochaines années, devrait payer les 11,5
billions d'euros (trois fois le PIB de l'Allemagne) que
coûtera la dystopie climatique de Timmermans.
Personne ne lui a répondu. On peut supposer que,
comme toujours, ce sont principalement les Pays-Bas
qui sont pris en considération, parce que nous sommes
déjà les plus grands contributeurs nets de l'UE et que
nous garantissons, par le biais de divers fonds
d'urgence, quelque 100 milliards d'euros pour maintenir
à flot le projet d'euro financièrement raté.

44

Le Quatrième Reich va régner avec une main de fer.

D'ailleurs, 80 % de nos lois viennent déjà de Bruxelles et de Strasbourg. Ce quatrième "Reich" européen, ou Union européenne des républiques socialistes soviétiques, existe donc déjà. Mais à partir de 2020, ce Reich communiste va vraiment régner d'un poing lourd, le tout sous le couvert du faux "sauvetage du climat", mais surtout pour sauver à nouveau les banques. Les grands noms de Wall Street préviennent que la prochaine méga-crise financière, la crise systémique dont nous parlons depuis des années, est maintenant littéralement sur le point d'éclater.

Ce que nous pouvons encore faire pour éviter de tout perdre, c'est nous révolter en masse, comme les paysans veulent maintenant le faire à nouveau le 18 décembre. Nous devons, en tant que peuple, dire "ça suffit" et rompre au plus vite avec l'élite politique qui livre sciemment notre pays, notre prospérité, notre culture, notre liberté et notre démocratie à un régime extrémiste de Bruxelles qui nous est manifestement hostile.

Ne dites pas dans 5 ans que vous n'avez pas été prévenus, lorsque vous devrez utiliser tous vos revenus restants pour survivre un tant soit peu, et ce dans des maisons qui pourront à peine être éclairées et chauffées en raison des taxes climatiques faramineuses. Le Green Deal de l'Europe = fin de la prospérité, fin du bien-être, fin de la liberté, et bienvenue dans la dictature totalitaire. Et tout cela au nom d'une crise climatique complètement détraquée.

Les activistes climatiques de Greta Greenpeace veulent transformer l'Ouest en champs de bataille modernes.

La tendance croissante de l'Occident au socialisme communiste et à la dictature du climat rappelle à l'économiste américain Marin Armstrong le tristement célèbre leader des Khmers rouges et meurtrier de masse Pol Pot, dont la société idéale consistait en des agriculteurs pauvres, pratiquant une agriculture de subsistance et possédant le moins d'argent, de richesses et de biens possible. Il était marxiste et considérait la société moderne comme diabolique, ce que nous entendons à nouveau aujourd'hui dans le mouvement pour le climat".

Au cours de ses tentatives pour soumettre tout le Cambodge à ses idées, 1,5 à 2 millions de personnes sont mortes de faim. Les opposants au régime de Pot ont été torturés et assassinés en masse. Cette catastrophe humanitaire et ce génocide, qui ont anéanti un quart de la population, sont connus dans le monde entier sous le nom de "The Killing Fields", titre d'un film britannique de 1984 sur les Khmers rouges.

Les personnes qui détestent la technologie et veulent
ramener le monde à une vie simple sont un problème
récurrent", poursuit M. Armstrong. Si le Cambodge a
été un autre avertissement de ce mélange de socialisme
et de climat, l'avenir ne semble pas très brillant car nous
devons continuellement faire face à ces personnes,
encore et encore.

**Greenpeace utilise Greta pour promouvoir son propre
agenda**

Greta Thunberg est coachée par Jennifer Morgan, de
Greenpeace, qui s'est rendue au Forum économique
mondial de Davos avec Al Gore (créateur du
documentaire mensonger totalement démystifié, de
l'avis général, "An Inconvenient Truth"). Greenpeace
finance Greta, et ses donateurs consistent en une
longue liste de socialistes. Greta s'est présentée deux
jours avant les élections dans l'Alberta, au Canada, pour
dire aux gens qu'à cause du changement climatique, ils
doivent renoncer à leur emploi".

Il est encore plus fascinant que rien de tout cela ne soit
diffusé dans les médias européens. Ils n'ont pas le droit
de rapporter que Greta a été recrutée par Greenpeace,
ou qu'elle s'est rendue au Canada pour tenter
d'influencer les élections".

Greenpeace a une longue histoire avec la violence, et
maintenant ils ont Greta pour attirer l'attention plus

que jamais. Ils sont stratégiquement très conscients que les gens sont plus susceptibles d'écouter Greta que n'importe quel adulte.

Greenpeace poursuit le même type d'objectif que celui qui a été tenté au Cambodge : retour à la vie rurale, fin des combustibles fossiles (= fin de la prospérité actuelle), réduction de la population et fin du progrès technologique. Ce sont des marxistes, tout comme les Khmers rouges, mais ils préfèrent se qualifier de 'progressistes', alors qu'en réalité ils veulent imposer la régression (le déclin).

Ainsi, alors qu'ils ont lancé une énorme enquête sur la façon dont la Russie aurait influencé les élections américaines (pour laquelle il n'y avait toujours pas la moindre preuve), pas un mot n'est consacré à la façon dont Greenpeace utilise Greta pour pénétrer les gouvernements, et même Davos. Parce qu'elle est une enfant, tout le monde a peur de la critiquer. Jennifer Morgan ne serait JAMAIS autorisée à entrer à Davos au nom de Greenpeace. Greta est la clé du monde. Avec Greta, ils obtiennent environ 20 millions de dollars de dons avec lesquels ils veulent imposer l'agenda de Greenpeace au monde.''

Greenpeace poursuit le même type d'objectif qu'au Cambodge : le retour à la vie rurale, la fin des combustibles fossiles (=la fin de la prospérité actuelle), la réduction de la population et la fin du progrès technologique. Ce sont des marxistes, tout comme les

Khmers rouges, mais ils préfèrent se dire "progressistes", alors qu'en réalité ils veulent imposer la régression (le retard).

Ainsi, alors qu'ils ont lancé une énorme enquête sur la façon dont la Russie aurait influencé les élections américaines (pour laquelle il n'y avait toujours pas la moindre preuve), pas un mot n'est dit sur la façon dont Greenpeace utilise Greta pour envahir les gouvernements, et même Davos. Parce qu'elle est une enfant, tout le monde a peur de la critiquer. Jennifer Morgan ne serait JAMAIS autorisée à entrer à Davos au nom de Greenpeace. Greta est la clé du monde. Avec Greta, ils obtiennent environ 20 millions de dollars de dons avec lesquels ils veulent imposer l'agenda de Greenpeace au monde.

Les données brutes et non modifiées de la NASA montrent à nouveau clairement qu'il n'y a pas de crise climatique du tout, que la variation annuelle du CO_2 est en fait en baisse plutôt qu'en hausse et que le climat se refroidit. Maintenant, ils essaient de tout déformer pour prétendre qu'ils avaient raison après tout, et que le froid extrême est le résultat du CO_2, alors qu'il n'y a aucune preuve de cela. Ce n'est pas scientifique", commente M. Armstrong.

Ils mentent simplement sur cette tendance, pour faire passer leur programme de contrôle de la population". Armstrong était l'invité de la Maison Blanche lors d'un dîner avec tous les principaux groupes environnementaux dans les années 1990. Ils ont admis que leur objectif était de réduire la population. Le CO2 est utilisé pour faire avancer le même programme, qui est totalement absurde... Ces gens sont malhonnêtes, dangereux et déterminés à détruire la révolution industrielle. Ils veulent nous renvoyer à l'âge de pierre, et en plus d'arrêter le chauffage (à NL en coupant le gaz) et la climatisation, et de laver le cerveau des filles pour qu'elles n'aient pas d'enfants, ils veulent aussi éliminer les voitures et les avions.

Ce ne serait pas si grave si cette idéologie socialement et humainement hostile n'était épousée que par une petite secte climatique d'extrême gauche. Cependant, cette secte a réussi à pénétrer dans les plus hautes sphères de tous les gouvernements, parlements et institutions (gouvernementales) occidentaux, et a maintenant commencé sérieusement à briser notre prospérité et notre bien-être étape par étape, dans le but ultime d'éliminer des millions de faibles et de "dissidents" qui refusent de souscrire ou d'appliquer ce programme climatique communiste.

Chapitre 8 : Les combustibles fossiles

Le "Green New Deal" de la star montante du parti démocrate Ocasio-Cortez signifie "l'éradication de toute vie sur terre" - "Si les combustibles fossiles sont interdits, chaque arbre sur terre sera abattu".

Le Dr Patrick Moore, cofondateur de Greenpeace, s'en est pris vertement à Alexandria Ocasio-Cortez, la nouvelle coqueluche de la gauche "progressiste" américaine. La "socialiste démocrate" a présenté un "Green New Deal" qui coûtera des dizaines de milliards de dollars et, selon de nombreuses critiques, rejettera les États-Unis dans une société préindustrielle. Moore a tweeté qu'il trouve qu'Ocasio-Cortez est une "hypocrite" et une "idiote pompeuse" parce que la mise en œuvre de sa demande d'abandonner les combustibles fossiles - ce que l'administration européenne a déjà commencé à faire avec la fermeture du gaz naturel - causera des "morts en masse".

Moore a rompu avec "son" Greenpeace il y a des années après que le mouvement environnemental a été repris de l'intérieur par des anarchistes d'extrême gauche, dont Ocasio-Cortez est un exemplaire.

Se débarrasser de tous les avions et de toutes les voitures

Le "Green New Deal", la version de la gauche verte de l'accord sur le climat à outrance, veut que les États-Unis rompent complètement avec le pétrole, le gaz et l'énergie nucléaire. Les voyages aériens doivent être remplacés par des trains (même à travers les océans), et 99 % des voitures doivent disparaître.

Comme d'habitude, bien sûr, à l'exception de l'élite dirigeante. Le New York Post, par exemple, rapporte qu'Ocasio elle-même a une gigantesque "empreinte carbone", en partie parce que son équipe de campagne utilise presque exclusivement des voitures à essence ordinaires. Elle a elle-même pris l'avion 66 fois entre mai 2017 et décembre de l'année dernière, contre seulement 18 fois le train, auquel, si cela ne tenait qu'à elle, tous les gens seraient bientôt obligés de passer.

L'argent socialiste fait pression pour le logement gratuit

En outre, tous les bâtiments des États-Unis devront être modifiés en profondeur, voire reconstruits, pour répondre à des exigences climatiques très strictes. Cortez veut financer des millions d'emplois publics à cette fin. Ceux qui ne veulent pas travailler, d'ailleurs, pourront rester chez eux entièrement payés et ne devront plus payer de frais de subsistance non plus. Mais qui en voudrait ?

Comment "AOC" compte-t-il payer son utopie verte ? C'est simple : en mettant tout simplement en marche les presses à billets, seul moyen de financer ses plans draconiens et extrêmement coûteux. Le fait que ce socialisme ait conduit à une pauvreté et une misère généralisées dans le monde entier au cours de l'histoire ne devrait pas être un nom, car "nous allons réussir cette fois-ci", a déclaré M. Cortez dans une interview antérieure.

Ce plan signifie l'éradication de toute vie.

Le Green New Deal stipule même que tous les gaz à effet de serre doivent être éliminés de l'atmosphère. La réponse de Moore : "Techniquement (scientifiquement), cela signifie qu'il faut éliminer toute la vapeur d'eau et tout le CO_2, ce qui signifie l'extinction de toute vie. Brillant.

AOC a ensuite écrit que "si vous n'aimez pas l'accord, vous devriez simplement présenter votre propre proposition ambitieuse pour résoudre la crise climatique mondiale. En attendant, c'est nous qui dirigeons, et vous ne faites que crier depuis les coulisses.

Ce à quoi Moore a répondu avec fermeté : "Un imbécile de haute voltige. Vous n'avez aucun plan pour nourrir 8 milliards de personnes sans combustibles fossiles ou pour acheminer la nourriture dans les villes. Des chevaux ? Si les combustibles fossiles sont interdits, tous les arbres de la planète seront abattus pour trouver du combustible pour cuisiner et se chauffer.

53

Vous allez causer une mortalité massive... Vous n'êtes rien d'autre qu'un bon vieil hypocrite, comme les autres, et vous avez une expertise nulle dans tous les domaines sur lesquels vous prétendez pouvoir vous exprimer".

Dans une réponse ultérieure à un tweet d'un autre fanatique du climat qui affirmait que "la fin des combustibles fossiles est inévitable", Moore a écrit : "Vous souffrez d'illusions si vous pensez que les combustibles fossiles vont disparaître bientôt. Peut-être dans 500 ans. L'attitude d'AOC est irresponsable et condescendante. C'est une néophyte qui prétend être intelligente. Son genre, s'il est mis en charge, nous mènera à la ruine'.

Chapitre 9 : Le compost humain

L'heure est à l'optimisme : La Terre est encore très vide, il y a assez d'énergie et d'argent, et nous pouvons utiliser beaucoup plus de CO2.

Sorti en 1973, le film Soylent Green est considéré comme l'un des grands classiques de la science-fiction et a remporté plusieurs prix. Le film traite de l'année 2022, au cours de laquelle la Terre est en proie à la surpopulation et où 40 millions de personnes vivent à New York. La nourriture ordinaire est rare et extrêmement chère, tout comme l'eau potable. Les gens ordinaires mangent un produit fabriqué en usine appelé Soylent (Soy à partir de soja, Lent à partir de lentilles). Des trois variétés, Soylent Green est la meilleure. Au cours d'une enquête sur un meurtre, un policier et son colocataire font la découverte choquante que le Soylent Green est fabriqué à partir de corps humains. Ce tableau d'horreur devient peu à peu une réalité puisque la première installation de compostage humain au monde a ouvert ses portes aux États-Unis cette année.

"Tu mangeras du pain à la sueur de ton visage, jusqu'à ce que tu retournes à la terre, car tu en as été arraché ; car tu es poussière, et tu retourneras à la poussière. (Genèse 3:19)

Lorsque votre heure arrive, nous, les Occidentaux, avons deux options pour nos restes mortels :

l'enterrement ou la crémation, écrivait Science Alert en décembre 2019. À cela s'ajoute désormais un "rituel alternatif unique" : le compost.

Recompostage

La première installation destinée à transformer les cadavres en compost a été construite à Seattle. Le processus est présenté comme un "recompostage", une "décomposition organique naturelle" et même une "vie après la mort".

La fondatrice Katrina Spade a qualifié la loi, qui est entrée en vigueur en mai 2020 et a rendu le "compostage" des corps humains légal, de "révolution funéraire" verte. Le site web de Recompose indique que "les corps sont recouverts de copeaux de bois et exposés à l'air, créant un environnement parfait pour les microbes naturels et les bactéries bénéfiques. En 30 jours, le corps est complètement transformé, créant un sol qui peut être utilisé pour faire pousser une nouvelle vie.

Les proches sont encouragés par l'entreprise à utiliser une partie de ce compost humain dans leur propre jardin. Pomodoro di Nonna : la soupe de tomates de grand-mère provenant de son propre jardin prend une dimension très littérale.....

Selon Recompose, le compostage serait plus écologique que l'inhumation, et certainement que la crémation, car la combustion d'un cadavre dégage du CO2. Opter pour le compostage permettrait d'économiser une tonne de CO2 et éliminerait la nécessité de réserver des terres pour les cimetières. Coût de ces funérailles : 5500 $.

La transformation des restes humains en compost pour la production de nourriture se rapproche de l'avenir sinistre esquissé dans le film - visuellement très daté, soit dit en passant - Soylent Green, même si, bien entendu, les cadavres ne sont pas encore utilisés directement pour la production alimentaire.

Outre une forme glaciale de cannibalisme, ce film vieux de près d'un demi-siècle montre également une forme cérémoniale d'euthanasie, dans laquelle des personnes sont tuées - même de force - pour le "bien" de la société. Juste avant de recevoir l'injection - présentée par euphémisme comme un "retour à la maison" -, on leur montre un film sur la Terre d'avant, comme tout était beau alors.

Surtout depuis 2020, nous avons vu qu'avec les mesures Corona, la déshumanisation des humains et de l'humanité s'est accélérée. Au mieux, les gens sont considérés comme des produits à relier à un système de contrôle numérique mondial utilisant des technologies telles que la 5G et les vaccinations. En fait, une partie importante du mouvement climatique international considère ouvertement les humains comme un fardeau et une malédiction, ce qui pourrait être un tremplin effrayant pour rationaliser des politiques gouvernementales misanthropes, et finalement justifier et approuver un génocide de masse, quelle que soit la manière dont il serait mené.

L'heure est à l'optimisme : La Terre est vide, l'énergie et l'argent sont abondants.

Grâce à une propagande incessante, les gens en sont venus à considérer comme acquise l'idée que la terre est "surpeuplée" et que les ressources naturelles sont "rares". Pourtant, de nombreuses prédictions antérieures à ce sujet ne se sont jamais réalisées. Le tristement célèbre Club de Rome, dans les années 1970, avait prédit une crise mondiale massive de l'énergie, de la nourriture et des ressources pour l'an 2000, mais aucune de ces prédictions ne s'est réalisée.

Il est donc grand temps d'avoir une vision optimiste de l'avenir. La réalité est que la Terre est encore très vide. Il suffit de regarder les photos prises depuis l'espace : les traces de la présence humaine sont encore à peine reconnaissables, à l'exception d'une poignée de zones urbaines densément peuplées. Avec les technologies modernes et davantage de CO2 (dont les niveaux dans l'atmosphère sont encore historiquement, presque dangereusement bas*), de gigantesques zones vides comme la Sibérie et le Sahara peuvent être transformées en zones fertiles et habitables, où des milliards de personnes peuvent vivre. L'argent est abondant, du moins si l'humanité se décide enfin à utiliser les trillions annuels dépensés en armement et en guerres à des fins plus utiles.

L'énergie disponible est abondante, même pour des dizaines de milliards de personnes, surtout si le développement rapide des centrales au thorium et à fusion nucléaire est pleinement mis en œuvre. En supposant que ces centrales deviennent commercialement viables vers 2050, il y aura encore plus qu'assez de gaz, de pétrole, de charbon, d'uranium et de plutonium pour les 30 prochaines années afin de répondre à la demande d'énergie qui augmente rapidement. Même après cela, les sources "fossiles" seront en mesure de fournir une énergie bon marché et fiable pendant longtemps encore.

L'Occident moderne nous conduit précisément vers un avenir rare et sombre sans liberté

Mais la tendance occidentale est exactement l'inverse ; animés par la peur et une misanthropie qui frise la négativité, ils veulent rendre l'énergie rare, peu fiable et chère (solaire et éolienne), tout comme la nourriture et l'eau. C'est pourquoi l'État, l'UE, l'ONU et les mondialistes comme Bill Gates essaient maintenant de mettre la main sur toutes les terres agricoles. Ceux qui survivront aux nombreuses crises, qui deviendront inévitables dans les décennies à venir en raison de ces politiques, devront vivre en esclaves sans aucune forme de liberté et d'autodétermination, et avec seulement une fraction de la prospérité actuelle, sous le joug d'une dictature technocratique dure comme le roc.

L'ordre ancien tente maintenant de s'emparer du pouvoir total par le biais du "Great Reset" (/ "Build Back Better"), de l'"Agenda 2030", du "Green New Deal" et des campagnes de vaccination Covid-19, et de réaliser ainsi ce sombre avenir. Pourtant, nous pouvons encore y échapper ; il suffit d'un réveil de masse, d'une résistance pacifique de masse, d'un NON de masse. Nous voulons une autre "grande réinitialisation", une réinitialisation dans laquelle l'ordre dominant actuel est réellement supprimé et perd son pouvoir, et où les gens ordinaires sont enfin autorisés à décider eux-mêmes de leur propre santé et de leur avenir, ainsi que de celui de leur village, de leur ville, de leur pays, de leur peuple, de leur société, de leur économie et de leur culture.

Nos autres livres

Consultez nos autres livres pour découvrir d'autres informations inédites, des faits exposés et des vérités démystifiées, et bien plus encore.

Rejoignez le cercle exclusif des médias de Rebel Press !

Chaque vendredi, vous recevrez dans votre boîte de réception une nouvelle mise à jour de la réalité non rapportée.

Inscrivez-vous ici dès aujourd'hui :

https://campsite.bio/rebelpressmedia